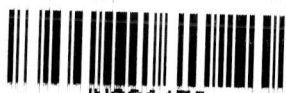

Question? 001

はんつ遠藤ってだれ？

answer

2600軒のラーメンを食べた伝説のフードジャーナリスト

1966年生まれ。日本はおろか世界23カ国のグルメを追及。特にラーメン関係に詳しい。2003年、ナムコのフードテーマパークプロジェクトに参画。現「浪花麺だらけ」名誉館長。「明石ラーメン波止場」「津軽ラーメン街道」「札幌ら～めん共和国」「桑名らーめん街道」「名古屋麺屋横丁」「函館 湯の川温泉らーめんブギ」を企画監修する。著書に「風水ラーメン占い」（主婦の友社）、「取材拒否の激うまラーメン店」（廣済堂出版）、「うまいラーメン屋の歩き方」（生活情報センター）などがある。

それではクイズを
始めましょう！！

ラーメンガ

—ラーメンクイズ101&トリビア—

はんつ 遠藤 著

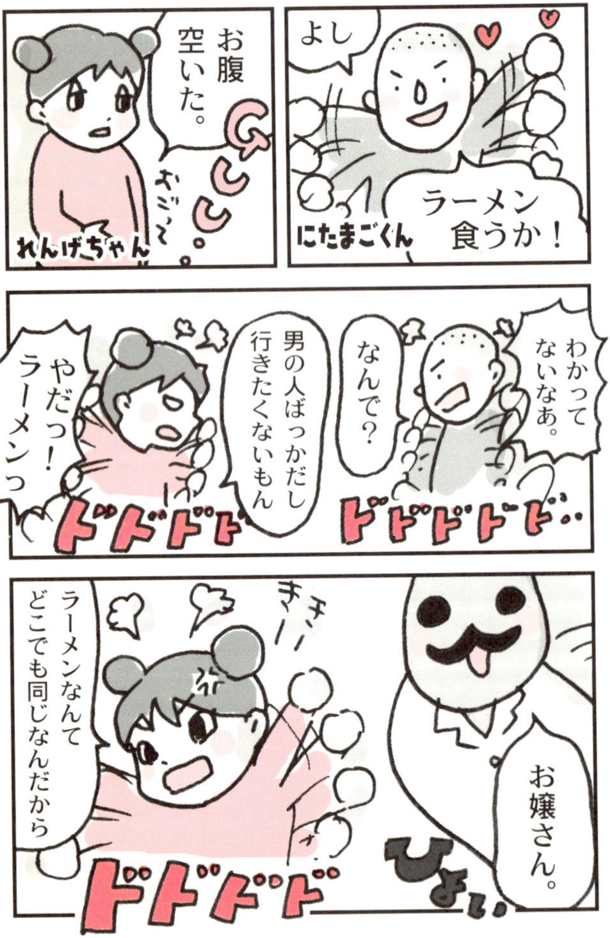

駿河台出版社

好きっ！

はじめに

ラーメンは不況に負けない強い味方。でもおいしいラーメン店は知っていても**「おいしい知識」**はほとんどの人が知らない。ラーメンは味でしか楽しめないのか？知識があったらもっと楽しめるのではないか？

真のラーメン通への道はここから！楽しくおもしろく通になれる**クイズ形式のラーメン本**です。巻末のインデックスで用語をチェック（→P.121）、**『超らーめんナビ』**提携ページで掲載店の情報をすぐにゲット（→P.105）。便利な1冊でもあるのです。

とくに女の子にはおすすめ！かわいいキャラがナビしてくれるし、おしゃれな装丁だし…。知識を会話で使えば彼、上司、同僚の好感度アップ！

こんな楽しい本を作ってくれたのは、**ラーメンの達人・はんつさん**です。さあ、どれだけ彼の知識に近づけるか、さっそくクイズを始めましょう！

Question? 002

日本でラーメンを最初に食べたのは？

answer　水戸黄門

中国から来日した朱舜水《しゅしゅんすい》を１６６５年に水戸黄門が招聘《しょうへい》した。その際、お礼にと、彼が作ったのがラーメン。レンコンをつなぎに使用した麺《めん》、火腿《フォトイ》（豚腿《もも》肉の塩漬けハム）のスープ、その他、川椒《せんしょう》（四川《しせん》省の山椒《さんしょう》）など５種類の中国香辛料が入っていた。

Question? 003

ラーメンの名前はだれがつけたの?

answer 札幌の『竹《たけ》家《や》食堂《しょくどう》』

ラーメンは南京街（横浜中華街）に誕生したので、最初は「南京そば」と呼ばれた。その後、「支那そば」に。「ラーメン」になったのには諸説あるが、有力なのは大正時代、札幌の『竹家食堂』のおかみさんが「柳麺」と書いて「ラーメン」と名づけた説。

Question? 004

日本三大背《せ》脂《あぶら》ラーメンとは？

answer

東京《とうきょう》背《せ》脂《あぶら》系《けい》、燕三条《つばめさんじょう》背《せ》脂《あぶら》系《けい》、京《きょう》都《と》背《せ》脂《あぶら》系《けい》

『ホープ軒』(P.113)などの、あっさり醤《しょう》油《ゆ》スープに豚の背脂が浮かぶ東京背脂系。『福来亭』(P.114)が元祖の、太麺《めん》に大量の背脂入り醤油ラーメンの燕三条背脂系（新潟）。そして『ますたに』(P.117)が元祖の、背脂＆一味唐辛子入り醤油ラーメンの京都背脂系の３つ。

Question? 005

替《かえ》玉《だま》の元祖は？

answer

博多ラーメンの『元祖長浜屋《ながはまや》』

替玉《かえだま》とは、博多ラーメンに見られる麺《めん》のおかわりシステムのこと。最初に始めたのは博多の『元祖長浜屋』(P.119)。お店は市場の近くにあり、食欲旺盛《しょくよくおうせい》な市場の人々のために考案された。

Question? 006

鹿児島県串木野《くしきの》市の町おこしラーメンは？

answer

串木野マグロラーメン

鹿児島県串木野市では特産品のマグロを使用したラーメンで新ご当地ラーメンを創出。マグロの頭でダシをとった醤《しょう》油《ゆ》ラーメンで、トッピングにマグロの醤油漬けなどが載る。『みその』『たなか屋』『ゆのまえ食堂』(P.120)など約10店舗で食べられる。

Question? 007

チキンラーメンを成功に導いた奥さんのヒントとは？

answer　天ぷら

インスタントラーメンは長期保存のために麺《めん》を乾燥させ、熱湯で元に戻せないといけない。そのヒントになったのが、夕食時に奥さんが揚げていた天ぷら。それを見て、麺を油で揚げて乾燥させる「瞬間《しゅんかん》油《ゆ》熱乾燥法《ねつかんそうほう》」という作り方が生まれた。

Question? 008

実際の店舗のラーメンを再現したインスタントラーメンは何と呼ばれる？

answer　コピー麺《めん》

従来は食品会社主導のインスタントラーメンが主流だったが、近年、既存の有名ラーメン店の商品を再現したものが登場し、話題となっている。これらは、通称「コピー麺」と呼ばれる。最近ではさらに一歩進んで、有名店主が作る創作ラーメンも登場。

Question? 009

丼《どんぶり》に描かれているこれらの模様の名前は？

①

②
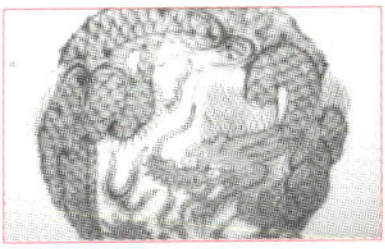

③

④
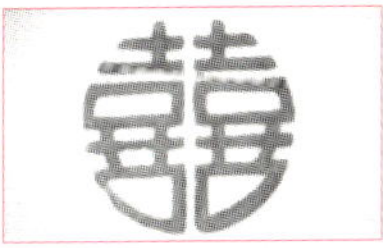

answer

①八卦《はっけ》　②竜《りゅう》　③鳳凰《ほうおう》　④双喜《そうき》

八卦はクモの巣を表し、魔除《まよ》けの意味がある。別名、雷文《らいもん》。竜は皇帝を表し、鳳凰は幸運をもたらす鳥で、皇后《こうごう》を意味する。双喜は結婚式の男女が喜んで並んでいる様子。中国のお祝い事で使用される器に描かれていた。

Question? 010

麺《めん》の太さを表す用語は？

answer 番手《ばんて》

番手とは切り刃のサイズ。日本工業規格でサイズが決められている。ラーメンでは 12 番 (2.5mm) から 28 番 (1.1mm) が主流。数が少ないほうが極太麺《ごくぶとめん》。ちなみに番手と幅をかけると約 30 になる場合が多い。(例えば 12(番)× 2.5(mm) =30)

Question? 011

池袋の『二天《にてん》』の湯切りの名称は？

answer つばめ返し

『二天』(P.111)は2002年に『麺屋武蔵《むさし》』の3号店として池袋にオープン。青海苔《のり》風味の衣で揚げた「豚天」が載るオリジナル麺《めん》で人気が出た。特に話題なのが三浦店主の考案した湯切り。Xを描くようなそのパフォーマンスは「つばめ返し」と呼ばれる。

Question? 012

つけめんとは？

answer

冷たい麺《めん》を温かいつけ汁につけて食べるラーメン

昭和30年に、現在の東京・東池袋にある『大《たい》勝軒《しょうけん》』(P.111)の店主、山岸一雄《やまぎしかずお》さんが、中野の『大勝軒』で修業をしていた時に考案したのが最初。もともとはまかない料理だった。基本のつけ汁は醤油《しょうゆ》味。最近は味噌味や塩味などもある。

Question? 013

ご当地ラーメン組み合わせ。

旭川・	・塩ラーメン
札幌・	・醤油ラーメン
函館・	・味噌ラーメン

answer

旭川＝醤油、札幌＝味噌、函館＝塩

旭川ラーメンは魚ダシ香る熱々の醤《しょう》油《ゆ》スープに細めの縮《ちぢ》れ麺《めん》。札幌ラーメンは味噌スープに太い縮れ麺。函館ラーメンはあっさり塩スープに細いストレート麺。

Question? 014

ちらし寿司、手巻き寿司、早《はや》寿《ず》司《し》。和歌山のラーメン店のメニューに多いのは？

answer 早寿司

早寿司はサバの押し寿司のこと。和歌山のラーメン店では、なぜかラーメン店で早寿司を提供している。卓上に置いてあることが多く、ラーメンを待つ間につい食べてしまう。ちなみに、ゆで玉子が置いてある店も多い。

Question? 015

竹岡《たけおか》ラーメンとは？

answer

乾麺《かんめん》＋麺《めん》のゆで汁で作る醤油《しょうゆ》ラーメン

千葉の竹岡に伝わるご当地ラーメン。元祖は『梅《うめ》の家《や》』(P.109)。醤油ダレに麺をゆでた汁を入れてスープを作る。別名「お湯割りラーメン」。麺は乾麺を使用し、具にはチャーシューのほか、玉ネギのみじん切りが載る。

Question? 016

ラーメンを麺《めん》、スープ、具まで全部食べほすことを何という？

answer 完食《かんしょく》

完全に食べる→完全食する→完全食→完食となった。ラーメンの麺、具はおろかスープまで全て飲みほさないと完食とはいわないので注意。ちなみに２軒はしごをして２軒とも完食することを「ダブ完」（ダブル完食）、３軒だと「トリ完」（トリプル完食）という。

Question? 017

インスタントラーメンの国内生産量は？

Answer

一年間に55億食

（平成 15 年のデータ）

総人口が約 1 億 3000 万人なので、日本人ひとりあたり年間で約 40 個食べている計算になる。ちなみに袋麺が 20 億 6000 万食、カップ麺が 32 億 300 万食、生タイプが 2 億 3700 万食となっている。

Question? 018

和歌山のラーメン店に「○《まる》」が多い訳は？

answer

元祖の『○高《まるたか》』の影響

豚骨醤《しょう》油《ゆ》味の和歌山ラーメンの元祖は昭和15年に屋台でスタートした『○高《まるたか》』（P.116）。元祖のお店に○がついていたので、和歌山のラーメン店では『○宮《まるみや》』『○木《まるき》』『○竹《まるたけ》』（P.116）など「○」がつく店が多い。

Question? 019

デフォルトってなあに？

answer

通常メニューのこと

ラーメン店にはさまざまなメニューがあるが、玉子などをトッピングせず、また大盛りなど指定もしない通常バージョンのこと。「デフォ」とも呼ぶ。用例：「デフォルトの醤《しょう》油《ゆ》ラーメンを食べました」

Question? 020

売れる店舗《てんぽ》の 3 要素とは？

answer 味、内装、オーラ

10 年前まではラーメンの味がおいしければ繁《はん》盛《じょう》したが、約 5 年前から店舗《てんぽ》の外観や内装もおしゃれでないと売れない時代となった。さらに最近は店主らの放つオーラがより重視される傾向が強い。

Question? 021

チャーシューってなあに？

answer 煮豚

チャーシューは本来は焼豚《やきぶた》のことだが、ラーメンの具に入っているのは煮豚《にぶた》がほとんど。豚バラ肉をタコ糸で巻いて煮たタイプが主流。豚の肩ロースを使用する店も。なお白河ラーメンなど焼豚を用いるご当地ラーメンもある。

Question? 022

醤《しょう》油《ゆ》ラーメンはなぜ誕生したの？

answer

当時の日本人は肉食じゃなかったから

江戸時代まで日本では動物系の肉を食べる習慣がほとんどなく、明治になってようやく文明開化で肉食を受け入れるようになった。そのため動物系のスープでとる塩ラーメンでは臭すぎて食べられず、日本固有の調味料、醤油を投入し、臭みを和らげたのだ。

Question? 023

インスタントラーメンの麺《めん》が縮《ちぢ》れている理由は？

answer

スピード調理、切断防止、小型化

3つの理由がある。第1に、縮れていたほうが早く湯もどしができ、第2に、棒状《ぼうじょう》だと折れやすいためにウェーブをかける。第3に、縮れていたほうがふくらみが抑えられ、容器への収納がしやすい。

Question? 024

ナルトは何でできている？

answer **白身魚のすり身**

白身魚のすり身をのばし、赤色をつけた後に、すり身を重ねて巻いてゆでたものがナルト。白身魚はトビウオ、カレイ、ヒラメ、スケトウダラなど。本来は赤色の代わりに昆布が入っていた。そばに載っていたものがラーメンの具にも用いられるように。

Question? 025

入口にかかる店名などが書かれた布を何という？

answer 暖簾《のれん》

「暖簾《のれん》」は入口にかかる布だが、転じて店舗《てんぽ》の「格《かく》」を表す用語に。そこから独立して支店を構えることを「のれん分け」と称するようになった。元来はそば、うどん店など日本料理店から始まる。洋食、中国料理店ではほとんど見られない。

Question? 026

博多ラーメンに紅《べに》生《しょう》姜《が》を最初に入れたのは？

answer 『のんき屋』

『のんき屋』(P.119) は久留米ラーメンの流れをくむ博多のラーメン店。創業約 40 年の老舗《しにせ》。ここが博多ラーメンに紅生姜を最初に入れたといわれる。ちなみに「辛《から》し高菜《たかな》」を入れるのもここが元祖。

Question? 027

和風の外観が増えた理由は？

answer

和風の外観で大ブレイクした池袋の『光麺《こうめん》』の影響

もともと中華料理の延長として発達したラーメン店は赤いカウンターなど中華系の造りが多かった。だが、1996年に池袋にできた『光麺』(P.111)が茶色い木目調の和風の外観にしたところ大ブレイク。その後、ラーメン専門の内装業者も登場してきた。

Question? 028

ぼっかけラーメンってなあに？

answer

兵庫のご当地ラーメンで「ぼっかけ」がラーメンに載っている

「ぼっかけ」とは牛スジ肉とコンニャクを醤油《しょうゆ》などで甘辛く煮たもので、兵庫県神戸市の発祥《はっしょう》。この「ぼっかけ」をのせたラーメンを、地元の名物「そばめし」に続く新名物にしようと、町おこし的に現在売り出し中。兵庫県の『ラーメンたろう』(P.117) などで食べられる。

Question? 029

モミジとは？

Answer 鶏《とり》の足先

形が植物のモミジの葉に似ていることから名がついた。スープをとる時の食材として使用する。鶏の部位の中でも特にコラーゲンを多く含んでおり、ゼラチン質が出る。また、価格も安価なため重宝される。

Question? 030

鹿児島ラーメン店にある漬《つけ》物《もの》は？

answer ダイコン

鹿児島ラーメンはかなりあっさりとした豚骨《トンコツ》ラーメン。元祖は昭和22年に創業の『のぼる屋』(P.120)。ダイコンの漬物がつくところがほとんどである。ダイコンの漬物はお代わり自由の場合もある。

Question? 031

一年間にインスタントラーメンって何種類出るの？

answer

887 銘柄 （平成 15 年のデータ）

品質保証の指標である JAS（日本農林規格）マークがついた製品の一年間の総製品数。内訳は 269 種（約 30%）が袋麺、620 種がカップ麺（約 70%）。カップ麺の割合が増加傾向にある。

Question? 032

ちゃんぽんの元祖は？

answer 『四《し》海樓《かいろう》』

明治 32 年創業の長崎の『四海樓』(P.120)が元祖。初代の陳平 順《ちんへいじゅん》さんが福建《ふっけん》料理の「湯肉絲麺《トンニイシイメン》」を基にし、濃いめにアレンジして完成。かんすいの代わりに「唐灰汁《とうあく》」と呼ばれる炭酸ナトリウムの水溶液を用いて麺《めん》を打つ。

Question? 033

『一風堂《いっぷうどう》』が定期的に発行している冊子の名前は？

answer 力の源《もと》通信

『一風堂』(P.119)は1985年、福岡で創業。店主は河原成美《かわはらしげみ》さん。新横浜ラーメン博物館に出店し大ブレイク。各地に支店を出すほどになった。『一風堂』では定期的に「力の源通信」という冊子を発行し、オススメのラーメン店などを紹介している。

Question? 034

八王子ラーメンとは？

answer

玉ネギの載った醤《しょう》油《ゆ》ラーメン

元祖は東京都八王子市にある昭和 37 年創業の『初《はつ》富《ふ》士《じ》』(P.110)。透き通った濃いめの醤《しょう》油《ゆ》スープに細いストレート麺《めん》。具に正方形で小さめの海苔《のり》が載る。一番の特徴は長ネギのかわりに玉ネギのみじん切りが載ること。

Question? 035

メンマってなあに？

answer

麻《ま》竹《ちく》という種類のタケノコ

原産国はミャンマー。ラーメンで使われるものはほとんどが中国、台湾産。いったん塩漬《づ》けにした後に乾燥させたものや、塩漬けの状態のもの、水煮タイプで入手可能。それを一定時間、水でもどして味付けをして具にする。

Question? 036

スープを作る大きな容器をなんという？

answer 寸胴《ずんどう》

取っ手のついた、アルミ製の鍋《なべ》。厚手に作られており、また、鍋全体に一定に熱が伝わる構造上、一般的なラーメンのスープ作りに最適といわれる。大きさは直径約 20cm から約 70cm とさまざま。

Question? 037

ラー油は何でできている？

answer ごま油と唐辛子《とうがらし》

ラー油はもともと中国の調味料。「辛油」「辣油」「紅油」などと表記する。ごま油に唐辛子を漬《つ》け込んだり、ごま油と唐辛子を加熱して作成する。ニンニク、生姜《しょうが》、長ネギなどのみじん切りを加えることもある。

Question? 038

満ニラってなあに？

answer　満州ニラララーメン

花巻や盛岡にある『さかえや』(P.108)の看板ラーメン。初代店主が旧満州国で食べた料理をヒントに考案した。鶏《とり》ガラで取った醤《しょう》油《ゆ》スープにラー油などを合わせたピリ辛ラーメン。大量のニラ、豚バラ肉などが入っている。

Question? 039

富山ブラック系とは？

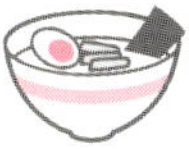

answer

『大喜《だいき》』を元祖とする、スープが真っ黒なラーメン

『大喜』(P.115)が元祖で、見た目が真っ黒の濃口《こいくち》醤油《しょうゆ》ラーメン。とてもしょっぱくて胡椒《こしょう》が効いているが、思いのほかあっさり。麺《めん》はかみごたえのある硬めの太麺。本店のほか根塚店《ねつかてん》、中島店など。その他、『万里《ばんり》』『富公《とみこう》』(P.115)などがこの系統。

こしょうが目にしみるぜ

Question? 040

インスタントラーメンの元祖は？

answer

チキンラーメン（日清食品）

昭和 33 年に誕生。日清食品の創始者である安《あん》藤百福《どうももふく》さんが、自宅の庭に木造平屋建ての研究所を建て、試《し》行《こう》錯《さく》誤《ご》の末に完成させた。発売日は 8 月 25 日。それにちなんでその日を日清食品では「ラーメン記念日」に制定。

想像図

Question? 041

笠岡ラーメンとは？

answer

鶏《とり》ガラベースの醤油《しょうゆ》ラーメン、煮鶏《にどり》が具に入る

岡山県笠岡《かさおか》市に伝わるご当地ラーメン。元祖は今はなき『斉藤』。鶏ガラでダシをとった醤油ラーメンで、煮鶏や、短冊《たんざく》切りの長ネギなどが具にのる。『おっつぁん』『一久《いっきゅう》』『とりそば太田』(P.118)などが有名店。

Question? 042

「シャッターする」とはどういう意味？

answer

開店前から並んで待つこと

有名店の中には行列ができる店舗《てんぽ》も少なくない。そのようなお店に開店前から並んで待つこと。なかにはシャッターがまだ下りているところや半開きのところもあり、その様子を表した言葉。用例：「今日、シャッターしちゃった」

Question? 043

神奈川にある中村屋の湯切りの名前は？

answer 天空《てんくう》落とし

『中村屋』(P.109) は 1999 年に中村栄利《しげとし》さんが独学で始めたお店。アメリカ帰りという話題性と、20 代という若さなどから一躍《いちやく》注目された。特に左手で高々と揚げたデボを一気に落として湯切りをする「天空落とし」という手法がクローズアップされ、湯切りパフォーマンスの先《さき》駆《が》けとなった。

Question? 044

おいしいラーメンの「3ガラ」とは？

answer

豚ガラ、鶏《とり》ガラ、人柄《ひとがら》

ラーメンを作る際には、豚や鶏などのガラを用いるが、それだけではおいしくできないといわれている。大切なのは、ラーメンに対する真摯《しんし》な態度。人柄がよいほどおいしいラーメンができるそうだ。

Question? 045

熊本ラーメンに入る黒い液体は？

answer　**マーユ**

熊本ラーメンには豚骨《とんこつ》スープに黒い液体がかかっている。これは「マーユ」というもので、ニンニクや玉ネギなどから作る。別名、焦がしニンニク。「マーユ」の代わりに、ニンニクチップなどがのるラーメン店もある。

おっす
マーユです
ワケあって黒いです

Question? 046

高山ラーメンの独特の製法は？

answer

スープの入っている寸胴《ずんどう》に直接、醤油《しょうゆ》などを入れる

通常のラーメンは、器に醤油ダレとスープを入れてラーメンを作る。だが、高山ラーメンは、スープの入っている寸胴に直接、醤油やみりんなどを入れて作る。『まさごそば』(P.114)が元祖。『やよいそば』『豆天狗《まめてんぐ》』(P.114)などが有名。

Question? 047

喜《き》多《た》方《かた》ラーメンの元祖は？

answer 『源来軒《げんらいけん》』(P.108)

大正 14 年に、中国は浙江省《せっこうしょう》出身の潘欽星《ばんきんせい》さんが屋台で創業。潘さんは叔父を頼って来日したが、職がなく、ラーメンを売ることに。中国に伝わる青竹を使用して打つ麺《めん》と醤《しょう》油《ゆ》味で、たちまち評判となり広まっていった。

Question? 048

佐野ラーメンの元祖は？

answer 『宝《ほう》来《らい》軒』

佐野では大正５年創業の『エビス食堂』がラーメンも扱っていたが、現在の「青竹打ち」スタイルである佐野ラーメンの元祖は昭和５年に創業した『宝来軒』(P.109)。初代が中国人の料理人から伝授《でんじゅ》された。

Question? 049

東京ラーメンの三系統とは？

answer

東《とう》京《きょう》醤《しょう》油《ゆ》系《けい》、東《とう》京《きょう》背《せ》脂《あぶら》系《けい》、東京《とうきょう》魚《さかな》系《けい》

古くはすっきり醤油の東京醤油ラーメン。最近では、『ホープ軒』(P.113) などに代表される、豚の背脂が大量に入った東京背脂ラーメンや、『青葉《あおば》』(P.113)『麺屋武蔵《むさし》』(P.111) などに代表される、魚ダシをより効かせた東京魚系ラーメンが増えている。

Question? 050

インスタントラーメンの袋麺1本の長さは？

answer 65cm

袋麺の麺1本の長さは、平均すると65cm。ちなみに袋麺1食には平均で79本の麺が入っている。ただし1本の長さが短い商品は本数が多い。ということは一食あたりの麺をつなぎあわせると約51mになる。

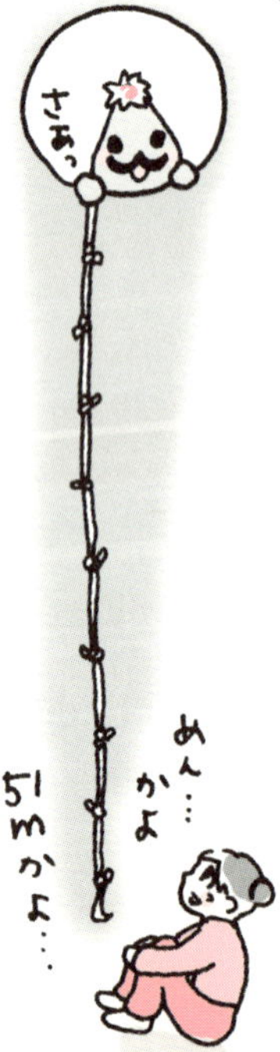

Question? 051

タレントの河《かわ》相《い》我《が》聞《もん》さんの店名は？

answer 『我《が》聞《もん》』

東京都立川市(P.110)、兵庫県明石市、香川県高松市などに店舗がある。俳優の河相我聞さんは芸能界屈指の料理人としても有名。店構えやラーメンのレシピ考案のほか、実際に月の半分以上を店で働く真剣さもあって、一躍大人気に。

Question? 052

激辛のつけめんの発祥地は？

answer　**広島**

昭和 29 年に広島の『新華園《しんかえん》』(P.118) の初代が考案した。ゆでてから冷水でしめたストレート麺《めん》を、ごまと酢《す》に唐辛子《とうがらし》のたっぷり入った醤油《しょうゆ》ベースのつけ汁で食べるスタイル。広島で「つけめん」といったらこの激辛タイプを指す。

Question? 053

豚骨《とんこつ》ラーメンの元祖は？

answer　久留米の『三九《さんきゅう》』

昭和22年、久留米にあった屋台『三九』(P.119)の店主が、スープを作る過程で豚骨を煮出しすぎて白濁《はくだく》させてしまう。試しに味見をしてみると、案外おいしい。こうして豚骨ラーメンが誕生。その後、博多や熊本、宮崎などに伝播《でんぱ》していった。

Question? 054

カップラーメンのゆで時間の主流は？

answer　5分

従来はお湯を注《そそ》いで３分という商品がほとんどだったが、最近はゆで時間が長くなる傾向があり主流は５分。これはスープとともに麺《めん》にもこだわる時代となり、太めな麺が増えたため。ちなみにカップうどんでは従来から５分がほとんど。

Question? 055

沖縄そばの麺《めん》の特徴は？

answer

ガジュマルの灰汁《あく》を入れる

沖縄そばの麺は、小麦粉と塩と水、そしてガジュマルという樹木から作る灰汁を水にさらした上《うわ》澄《ず》みを混ぜて作るのが本来の姿。現在では、灰汁のかわりに「かんすい」を使用し、ラーメンと同じ構成要素になっているところがほとんどである。

Question? 056

函館で塩ラーメンが多い理由は？

answer

江戸時代から国際貿易港だったから

函館は安政《あんせい》元年（1854 年）に横浜、長崎と並んで国際貿易港として栄えたため、中国文化の流入も早かった。明治 10 年にはすでに中国料理店が開店したほど。そのため中国の湯麺（タンメン）の影響で塩ラーメンが定番になった。

Question? 057

家《いえ》系《けい》とは？

answer

横浜の『吉村《よしむら》家《や》』を元祖とするラーメンの系統

『吉村家』(P.109)の吉村実さんが考案したラーメンの系統。豚骨《とんこつ》や鶏《とり》ガラなどでとった、やや白《はく》濁《だく》した醤《しょう》油《ゆ》ラーメン。鶏油《チーユ》を投入するため、スープの表面に油の層がある。太いストレート麺《めん》に、チャーシュー、ほうれん草、大きな海《の》苔《り》が数枚のるのが特徴。

Question? 058

博多ラーメンにすりごまが入る理由は？

answer

『しばらく』が始めたから

『しばらく』(P.119)は、博多にある創業約50年の老舗《しにせ》ラーメン店。近年、「浪花《なにわ》麺《めん》だらけ」や東京、そして中国にも進出。この『しばらく』で、ラーメンにすりごまを入れたのが最初。そして他の店が追随《ついずい》していった。

Question? 059

尾道ラーメンに浮かぶ、揚げ玉のようなものは？

answer **豚の背脂《せあぶら》のミンチ**

尾道ラーメン（広島）は、瀬戸内海の小魚をダシに使用した濃いめの醤《しょう》油《ゆ》ラーメン。チャーシュー、メンマ、長ネギのほか、豚の背脂を大きめに刻んだものが浮く。主な有名ラーメン店には『朱《しゅう》華《か》園《えん》』『つたふじ』(P.118) などがある。

Question? 060

「くじら軒」の店名の由来は？

answer

大好きなクジラの夢を見たため

『くじら軒』(P.109) は 1996 年創業。横浜のセンター北駅近くの閑静な住宅地で開店前から行列ができる。田村店主はクジラが大好きで、ある時、自分がザトウクジラになって泳いでいる夢を見たことから店名を「くじら軒」とした。

Question? 061

東京のラーメン激戦区といえば？

answer

古くは荻窪や恵比寿、今は高田馬場、池袋

まず、『春木家《はるきや》』『二葉《ふたば》』『丸長《まるちょう》』(P.113)など有名店が密集する荻窪が東京のラーメン激戦区といわれた。その後、恵比寿に『香月《かづき》』『山田《やまだ》』(P.112)『山頭火《さんとうか》』(P.108)などができ、注目される。今は『一風堂《いっぷうどう》』『がんこ』(P.112)などのある高田馬場や、『二天《にてん》』『ごとう』(P 111)などのある池袋がトレンド。

Question? 062

初のカップ麺《めん》、カップヌードルが誕生した訳は？

answer

アメリカ人がチキンラーメンを紙コップに入れ、お湯を注《そそ》いでフォークで食べたから

安藤百福《あんどうももふく》さんがアメリカに試作品を持ち込んだ際、バイヤーの食べ方がヒントになった。紙コップを大きくしたような発泡スチロールの中に乾燥麺《めん》が崩れないように器の中央に密着し、浮いた状態になっている。お湯を注《そそ》ぐと上下方向に膨《ふく》らむ構造になっている。

Question? 063

ラーメンの麺《めん》は何でできている？

answer

小麦粉、塩、水、かんすい

ラーメンの麺は小麦粉に塩水とかんすいを混ぜることでできあがる。かんすいとは炭酸カリウムや炭酸ナトリウムでできた混合物。これを入れることでラーメン特有のコシや、黄色がかった色合いが生じる。

Question? 064

冷やしラーメンの元祖は？

answer 『栄《さかえ》屋《や》本店《ほんてん》』

山形にある昭和７年創業の『栄屋本店』(P.108)が元祖。昭和27年に商品化。もともとそば店を営んでいたが、盆地である山形は夏場にとても暑くなり、お客の「冷たいラーメンが欲しい」という要望で研究を重ねて開発された。

Question? 065

麺《めん》をゆでる時に使用する深ざるのことを何という？

answer テボ

もともとラーメンの麺ゆでは大きな釜《かま》に麺を泳がせて、平ざるですくっていたが、近年、「テボ」と呼ばれる一人前ずつゆでられるステンレス製の深ざるを使用する傾向にある。ちなみに「テボ」は背負える竹製の籠《かご》のことで、形が似ているためそう呼ばれるようになった。

Question? 066

北京《ぺきん》鍋《なべ》と広東《かんとん》鍋《なべ》の違いは？

answer

片手持ちが北京鍋、両手持ちが広東鍋

いずれも中華鍋で、炒《いた》め物などに使用する鉄製の黒い鍋のこと。北京鍋は片手で持てる、フライパンのような形をしており、広東鍋は左右に取っ手がついていて、やや浅めの形をしている。味噌ラーメンの具を炒める時などにも使用される。

Question? 067

ゲンコツとは？

answer

豚の大腿骨《だいたいこつ》の別称

形が握りこぶしに似ていることからそう呼ばれる。スープをとる時の食材として使用する。主に豚骨《とんこつ》ラーメンで使われることが多いが、東京ラーメンなど醤《しょう》油《ゆ》系でも使用することもある。コラーゲンを多く含んでいる。

Question? 068

名古屋ラーメンとは？

answer

好来系《こうらいけい》と台湾《たいわん》ラーメンの２つ

好来系は『好来《こうらい》』(P.115)が元祖。やや白濁《はくだく》した醤油《しょうゆ》ラーメンで、根菜類《こんさいるい》も使用し、薬膳《やくぜん》ラーメンとも呼ばれる。台湾ラーメンは『味仙《みせん》』(P.115)が元祖。台湾の担仔麺《タンツーメン》をヒントに考案した激辛麺で、本場の台湾には存在しない。

Question? 069

油そばとは？

answer

汁がなく、麺《めん》に油がかかったラーメン

昭和33年に東京武蔵野市の『珍珍亭《ちんちんてい》』(P.110)で考案された。お客に「酒のつまみになるものを」といわれて考案。ゆでた麺《めん》に豚のラードなどをベースにした特製の油ダレやチャーシューを煮込んだ醤《しょう》油《ゆ》ダレなどをまぶしたもの。汁は無い。

Question? 070

次の4つの器の名称は？

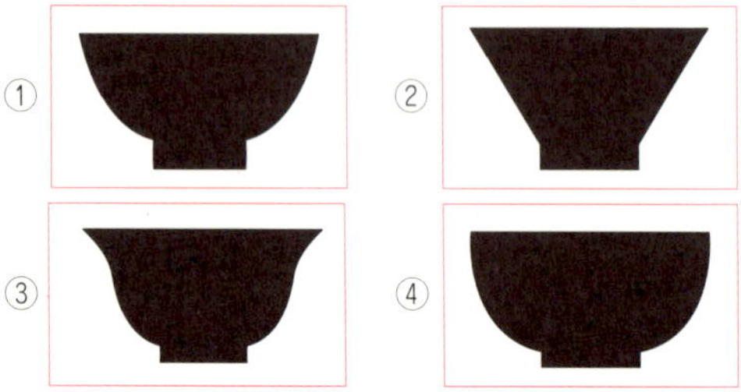

answer

①高台《たかだい》　②切立《きりたち》　③反丼《そりどん》　④玉丼《たまどん》

ラーメンの器は４種類に分かれる。ポピュラーなのが緩《ゆる》やかなカーブを描く「高台」。昔ながらの醤油《しょうゆ》ラーメンを出す店だと「切立」も多い。「反丼」はスープが飲みやすいように縁が反ったタイプ。最近増加中なのが半円球タイプの「玉丼」である。

Question? 071

半熟煮玉子をラーメンにのせた最初の店は？

answer 『ちばき屋』

『ちばき屋』(P.110) は 1992 年創業。あっさりとした「支那そば」で行列店になった。店主の千葉さんは銀座の高級日本料理店の総料理長を経て、ラーメン店主に。その日本料理の技を活かして、半《はん》熟《じゅく》煮《に》玉《たま》子《ご》をラーメンに取り入れた。

Question? 072

喜《き》多《た》方《かた》ラーメンが全国に知られた理由は？

answer

宣伝が上手だったから

もともと蔵《くら》の町として観光客が多く訪れていたことに加え、喜多方市役所の職員などによる雑誌での PR 活動や、昭和 62 年に発足したラーメン店団体「老麺会《らーめんかい》」などによる観光 PR が功《こう》を奏《そう》したためといわれる。

Question? 073

白河ラーメンの元祖は？

answer 『とら食堂』

白河（福島）でラーメンを出したのは昭和 10 年頃の『一六軒《いちろくけん》』という屋台が最初。現在の平打ち縮《ちぢ》れ麺《めん》の入った醤《しょう》油《ゆ》ラーメンのスタイルを考案したのは『とら食堂』(P.108)の初代店主、竹《たけ》井《い》寅《とら》次《じ》さん。現在は二代目が店を守る。

Question? 074

水戸スタミナラーメンってなあに？

answer

レバ野菜あんかけ入りラーメン

茨城にあった『寅《とら》さん』(P.109)の初代店主（現在は『玄海《げんかい》』店主）が考案したご当地ラーメン。レバー（またはホルモン）、ニラ、キャベツなど野菜炒めのあんかけが載ったラーメン。麺《めん》が冷たく、スープのない「スタミナ冷やし」もある。

Question? 075

インスパイアとは？

answer

ある店舗《てんぽ》に影響を受けて、独学で同系統のラーメンを作ること。または作る店舗のこと

例えば「青葉インスパイア系」「大勝軒インスパイア系」「二郎インスパイア系」など。特定の店舗の味に魅せられて、独学で同じ系統の味を作り上げ、店舗を立ち上げる。重要なのは、影響を受けた店舗では修業をしていないという点。

んが
ワンポイント
なにやらインスパイアされたみたいだネ♡

Question? 076

サンマーメンってなあに？

answer

もやしあんかけ入り醤油《しょうゆ》ラーメン

横浜周辺でよく見かけるご当地ラーメン。元祖は横浜中華街の『聘珍樓《へいちんろう》』(P.109)。昭和５年に商品化。醤油ラーメンの上に炒めたもやしを片《かた》栗《くり》粉《こ》であんかけにした具がかかる料理。「生碼麺」、「散碼麺」、「生堪麺」などの表記がある。

Question? 077

味噌ラーメンの元祖は？

answer 『味の三平《さんぺい》』

札幌の『味の三平』(P.108) で、常連客に出した豚汁に「麺《めん》も入れてよ」といわれて提供したのが最初といわれる。その後、各地の味噌を取り寄せて研究を重ね、昭和 36 年に一般メニューとして商品化された。

Question? 078

新宿『麺《めん》屋《や》武蔵《むさし》』の店主、山田さんの前職は？

answer　アパレル関係

山田《やまだ》雄《たけし》さんは高校を卒業後、アパレル関係に就職。独立して原宿に店を構え、年商27億円の企業に育てた。その後、ラーメン業界に進出し、1996年、青山に『麺屋武蔵』(P.111)を開店。現在は新宿が本店。サンマ干しとエビ油を使用したラーメンで行列店に。

Question? 079

鍋《なべ》焼きラーメンはどこのラーメン？

answer

高知県須崎《すさき》市のご当地ラーメン

「鍋焼きラーメン」は高知県須崎市に伝わるご当地ラーメン。元祖は今はなき『谷口食堂《たにぐちしょくどう》』。ふた付きの土鍋《どなべ》に入った熱々のラーメンで、鶏ガラで取った醤油《しょうゆ》ラーメン。鶏、チクワ、玉子などがのり、お新香《しんこ》がつく。

Question? 080

郡山《こおりやま》ラーメン会の名称は？

answer　一麺会《いちめんかい》

かつては豚骨《とんこつ》ラーメンで町おこしをし、今は「一麺会」というラーメン店約 50 軒が集まって、盛り上がる福島県郡山市。「これが郡山ラーメン」という統一性は無いが、醤油《しょうゆ》、味噌など自慢の味で各店舗がしのぎを削っている。

Question? 081

チャルメラとは？

answer

屋台などで拭く楽器

「ドレミーレド ドレミレドレー」とおなじみのメロディーを拭く楽器。正式なつづりは「Charamela」。16世紀頃の安土桃山時代にポルトガルから伝来したダブルリードの縦笛が原型。「南蛮笛《なんばんぶえ》」「唐人笛《とうじんぶえ》」とも呼ばれ、最初は飴《あめ》売《う》りが使用していたらしい。

Question? 082

ラーメンのスープを飲むスプーンのような道具のことを何という？

answer　レンゲ

漢字では「蓮華」と書く。さじの形が、散った蓮《はす》の花びらに似ていることから。当初は「散り蓮華」と称されていたが、いつしか略されるように。中国から伝来したものだが、中国では「勺子《シャオズ》」、「湯匙《タンチー》」などと呼ばれる。

Question? 083

出前の時に使用する、ラーメンなどを入れる箱は？

answer おかもち

漢字で「岡持ち」。「岡」＝「傍《かたわ》ら」から、横に持つ箱の意味よりきている。横長や縦長の四角い構造をしており、通常内側は３段に分割されている。上部に取っ手がついている。もともとは寿司《すし》店などに見られる一層構造だった。

Question? 084

豚バラ肉 & 生玉子といったらどこのご当地ラーメン？

answer 徳島ラーメン

徳島ラーメンは豚骨《とんこつ》醤《しょう》油《ゆ》ラーメンに、味付けした豚バラ肉や生玉子がのる、珍しいご当地ラーメン。徳島市にある『いのたに』(P.118)などが有名。

Question? 085

久留米、博多などのラーメン店で使用される特殊な釜《かま》の名前は？

answer 五右衛門釜《ごえもんがま》

久留米、博多など豚骨《とんこつ》ラーメンが主流の地域では、豚骨を長時間煮こむため、通常の寸胴《ずんどう》では底に穴があいてしまう。そこで使用されることが多いのが五右衛門釜。底が丸くなっている超厚手の釜。鋳物《いもの》とホーロー釜がある。

Question? 086

最初のラーメンは何ラーメン？

answer　塩ラーメン

中国から伝わった麺《めん》料理は、中国料理のメニューの最後に「口直し」で食べる料理だった。そのため鶏《とり》ガラでダシを取ったスープに脂《あぶら》が浮いているだけのもので、味付けは塩。その後、日本で「醤《しょう》油《ゆ》ラーメン」が誕生した。

Question? 087

調布にある、湯切り動作をしないラーメン店は？

answer

『たけちゃんにぼしらーめん』

『たけちゃんにぼしらーめん』(P.110)は 1994 年に創業。店主の坂本さんは屋台出身。調布で行列のできるラーメン店として有名になった。通常のラーメン店ではゆでた麺《めん》を大きな動作で湯切りするが、ここでは放置して自然に湯切りする。2004 年には代々木店もオープン。

Question? 088

スープ割りとは？

answer

つけめんのつけ汁をスープで割ってもらうこと

通常、つけめんは冷たい麺《めん》を温かいつけ汁につけて食べる。麺を食べ終わった場合、つけ汁はそのまま飲むと濃すぎるため、完食《かんしょく》するためには残ったつけ汁をスープで割ってもらう。なかにはスープ割りをしていない店舗《てんぽ》もあるので注意。

Question? 089

日本のラーメンの発祥地は？

answer　横浜中華街

ラーメンはもともと中国から伝来した料理。明治４年の日清《にっしん》修好《しゅうこう》条約調印により、新天地をもとめて2000人を超える中国人が横浜中華街付近（当時は南京街と呼称《こしょう》）に移住。それとともに中国料理が日本に流入したのがきっかけ。

Question? 090

加水率《かすいりつ》ってなあに？

answer

麺《めん》作りの際に加える水の割合

小麦粉100％に対して30～35%程度が通常のラーメン。これより高いと「多加水麺《たかすいめん》」、少ないと「低加水麺《ていかすいめん》」と呼ぶ。ちなみに喜多方《きたかた》、白河などの東北地方は多加水麺、東京は35%で通常、関西以西は低加水麺のことが多い。

Question? 091

久留米ラーメンのスープの手法は？

answer　呼び戻し

豚骨《とんこつ》を強火で煮出したスープを、毎日継《つ》ぎ足《た》して作る手法のこと。継ぎ足すほどに濃厚な豚骨スープが完成する。久留米の『大砲《たいほう》ラーメン』(P.119)のチラシには「当店のとんこつスープの煮込み時間は半世紀です」の文句がある。

Question? 092

鶏《とり》白《ぱい》湯《たん》ラーメンって？

answer

鶏を煮出して白濁させたラーメン

豚骨《とんこつ》を煮出して作る豚骨ラーメンは有名だが、それに対抗して、最近急増中なのが「鶏白湯ラーメン」。鶏を煮出して白濁《はくだく》させた、とろみのあるスープ。『鳥料理有明』(P.110)『まる玉』(P.109)『すずらん(金曜限定)』(P.113)などが有名。

とろみなら
まかせとけ。
とろみトリオ

Question? 093

「私語禁止」で名高い「支《し》那《な》そばや」の店主の名前は？

answer 佐《さ》野《の》実《みのる》さん

『支那《しな》そばや』(P.109) は 1986 年に神奈川県藤沢市で創業。店主の佐野さんは洋食店出身で独学でラーメン店主に。「私語禁止の店」といわれたが実際には「騒ぐのが禁止」ということ。食材にもこだわる。新横浜ラーメン博物館にも出店。

Question? 094

店主が注目されるラーメンブームのことをなんという？

answer

ご当人《とうにん》ラーメンブーム

かつて徳島ラーメンブームや和歌山ラーメンブームなど、さまざまなご当地ラーメンブームが現れては消えていったが、最近の流行は店主をクローズアップするブーム。ご当人ラーメンブームと呼ばれ、東京の『ちばき屋』(P.110) 千葉さん、神奈川の『くじら軒』(P.109) 田村さん、大阪の『麺哲』(P.117) 庄司さん、『龍旗信』(P.117) 松原さんなど、カリスマ店主まで登場した。

Question? 095

東京で最初のラーメン店は？

answer **『来々軒』**

明治 43 年に浅草に誕生。横浜の税関に勤めていた尾崎貫一さんが、脱サラで始めた。中国人のコックを雇い、支那《しな》そばやシュウマイ、ワンタンなどを売り出した。当時、自ら「大衆支那そばやの元祖」と称していた。昭和 51 年閉店。

Question? 096

無《む》化《か》調《ちょう》って何？

answer

旨《うま》味《み》調《ちょう》味《み》料《りょう》を使用していない事

ラーメンを作る際、多くの店舗《てんぽ》では器に「味の素」「ハイミー」などの旨味調味料を入れる。だが近年、それらを使用せず、天然の食材のみでラーメンを作る、通称「無化調」の店舗が増えてきている。それらの店舗はよりラーメンにこだわりがあると考えられている。

Question? 097

新潟のラーメンの３系統は？

Answer

新潟醤油系《にいがたしょうゆけい》、燕三条背脂系《つばめさんじょうせあぶらけい》、新《にい》潟味噌系《がたみそけい》の３系統

新潟醤油系は、新潟市内を中心に広がる系統。透き通った醤油《しょうゆ》スープ。燕三条背脂系は『福《ふく》来亭《らいてい》』が元祖で、醤油ラーメンに大量の背脂が浮く系統。新潟味噌系は『こまどり』(P.114)が元祖で、まろやか味噌スープが特徴。

Question? 098

世界でのインスタントラーメンの生産量は？

answer

652 億食

（平成 15 年のデータ）

一年間で世界中で生産されたインスタントラーメンの総数。ちなみに 1 番食べている国は中国で 277 億食。2 番目はインドネシアの 112 億食。日本は 3 番目。4 番目はアメリカ 38 億食。5 番目は韓国 36 億食。

Question? 099

中国に伝わる５つの麺《めん》の製法とは？

answer

手のべ麺、索麺《そうめん》、切り麺、押し出し麺、河粉《ホウフェン》

手のべ麺とは、小麦粉を２本、４本、８本…と手で延ばして作る製法。索麺は棒を使って何本にも延ばしていく製法。切り麺は平らに延ばした小麦粉を包丁で切る製法。押し出し麺は筒に穴を開けて押し出す製法。河粉はお米を使った麺料理の製法である。

Question? 100

京都ラーメンの元祖は？

answer 『新福菜館《しんぷくさいかん》』

昭和13年に屋台でスタートした『新福菜館』が元祖。濃口《こいくち》醤《しょう》油《ゆ》を使用した醤油ラーメンは、見た目がとても濃い醤油の色で驚くが、意外にまろやかな味。チリチリとした食感の薄いチャーシューが数枚入るのも特徴。

Question? 101

麺《めん》の日っていつ？

answer

11 月 11 日および毎月 11 日

1999 年に全国製麺卸協同組合連合会《せいめんおろしきょうどうくみあいれんごうかい》が提唱し、制定。ラーメンに限らず、そば、うどんなどの麺類全てが対象である。「1」が麺に似ていることからきている。ちなみに、7 月 2 日は「讃岐うどんの日」、10 月 17 日は「沖縄そばの日」、11 月 3 日は「ちゃんぽんの日」。

あ
ぐぅー
ん?

この本で紹介した
ラーメン店

データ提供

©『超らーめんナビ』（株式会社 エディア）

『超らーめんナビ』ぷりぜんつ「らーめんナビゲーション」の使い方

携帯電話から本誌で紹介したラーメン店の情報のほか、お得な情報が検索できるよ。QR コードが読み込める携帯で試してみてね。

※検索できる情報はすべてこの本のために特別に用意したもので一部利用できないコンテンツがあります。
※コンテンツの閲覧には料金はかかりませんが、各キャリア規定の通信料（パケット通信料）がかかります。

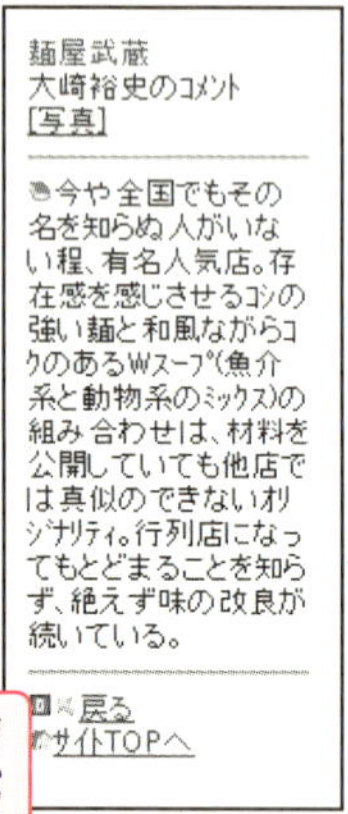
麺屋武蔵
大崎裕史のコメント
[写真]
今や全国でもその名を知らぬ人がいない程、有名人気店。存在感を感じさせるコシの強い麺と和風ながらコクのあるWスープ(魚介系と動物系のミックス)の組み合わせは、材料を公開していても他店では真似のできないオリジナリティ。行列店になってもとどまることを知らず、絶えず味の改良が続いている。
戻る
サイトTOPへ

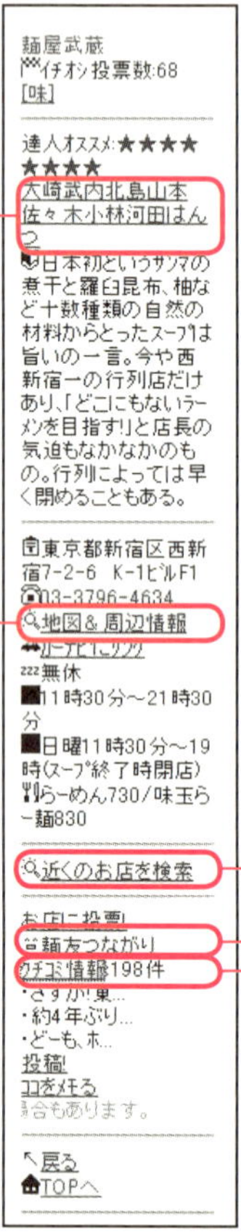
麺屋武蔵
イチオシ投票数:68
[味]
達人オススメ:★★★★★★★★
大崎武内北島山本佐々木小林河田はんつ
日本初というサンマの煮干と羅臼昆布、柚など十数種類の自然の材料からとったスープは旨いの一言。今や西新宿一の行列店だけあり、「どこにもないラーメンを目指す!」と店長の気迫もなかなかのもの。行列によっては早く閉めることもある。
東京都新宿区西新宿7-2-6　K-1ビルF1
03-3796-4634
地図&周辺情報
カーナビにリンク
無休
11時30分～21時30分
日曜11時30分～19時(スープ終了時閉店)
らーめん730/味玉らー麺830
近くのお店を検索
お店に投票!
麺友つながり
クチコミ情報198件
・さすが!東…
・約4年ぶり…
・どーも、ホ…
投稿!
ココをメモる
合もあります。
戻る
TOPへ

達人のコメントが読めちゃうなんてなんか通な気分！

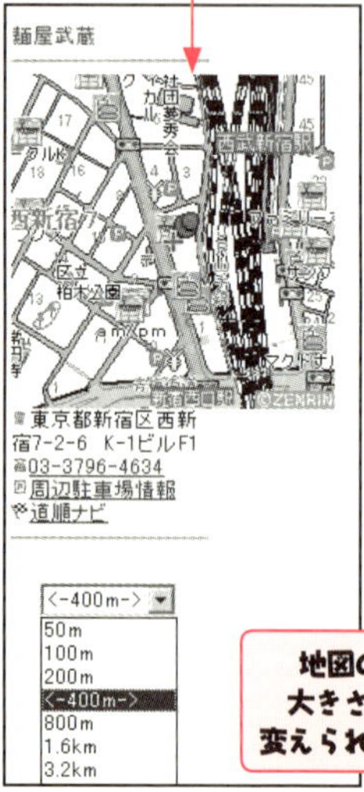
麺屋武蔵
東京都新宿区西新宿7-2-6　K-1ビルF1
03-3796-4634
周辺駐車場情報
道順ナビ
<-400m->
50m
100m
200m
<-400m->
800m
1.6km
3.2km

地図の大きさが変えられるよ

『超らーめんナビ』

http://ra-men.org/

ラーメンの達人たちがプロデュースした全国１万７千件の店舗を紹介した携帯サイト。リアルタイムに更新される達人たちの情報や会員の感想で、いま食べたいラーメンがすぐに検索できる。

[麺屋武蔵]周辺のお店(1439件)

1 蒙古タンメン中本 新宿:新宿区...:0.1km
2 大島ラーメン愛ちゃん西新宿店:新宿区...:0.1km[麺♡][味♡]
3 タイ国ラーメン ティーヌン新宿小滝橋通り店:新宿区...:0.1km[麺♡]
4 はな火屋:新宿区...:0.1km[味♡]
5 つけそば 黒門:新宿区...:0.1km
6 ラーメン二郎 新宿小滝橋通り店:新宿区...:0.1km
7 福しん 新宿ぺぺ前店:新宿区...:0.2km[味♡]
8 香名屋:新宿区...:0.2km[味♡]
9 サボン西武新宿店:新宿区...:0.2km
#→次ページ
0 戻る
サイトTOPへ

お店がいっぱいの時近くのラーメン屋が探せるよ☆

麺友つながり

麺屋武蔵を好きな人はこんなお店も好きみたい!

1 渡なべ:新宿区...
2 麺屋武蔵武骨:台東区...
3 らいおん:府中市...
4 鮎ラーメン:世田谷区...
5 鏡花:立川市...
6 純連:新宿区...
7 西麻布 五行:港区...
8 大勝軒:豊島区...
9 中華そば 春木屋:杉並区...

0 戻る
サイトTOPへ

実食した感想はやっぱり店選びに便利！

麺屋武蔵

はやとっち:さすが!東京の名店!店の雰囲気も良し◎地元にも、こんなお店が有ればなぁ…(2005/9/15)
麺遊人:約4年ぶりの訪問。味玉ラーこってり+花豚飯を。久々に戴いてみて、この種のスープに味の染みる柔らかめの太麺の選択は改めて凄いと思ったが、肝心のスープの味は最初から柚子効かせ過ぎという感で、後半は殆ど柚子の印象しか残らず。妻が食べていたあっさりのスープを横から戴くも、こちらは『あっさり』と言うより『ぼんやり』といった感。サイドのご飯は卓上の特製辛味噌を混ぜると更に旨く、こちらの方がむしろ魅力的だった。今日のラーメンブームを創った功績を認める一方で、メディアが作り出したお店だったのかなあ…という印象も否めない。
(2005/9/4)
ポンチョ:どーも、ポンチョの教え子四人で行きました。「ここが日本一のラーメン屋かぁ」とか言いながらいざ食べてみると、なるほど。他にないモチモチした麺、丁寧に味付けされた味玉とチャーシュー、それに奥行きのある魚介寄りのダブルスープ。さすが日本一!ただ。スープしょっぱすぎるよー!こってり頼んだからかえ?!
(2005/8/25)
味良陽一:本日は柚子味噌つけ麺をたべたのですが、やっぱ柚子の味が効いているのでたまらなく美味いです。ただ一つ注文をつけるとすると、あのスープにあの平打ち麺はイマイチだと感じるところです。新宿1のお店だからこそ、改善をしていただけたらなと願…

好みが似ていれば失敗なし！！

北海道＆東北地方

味の三平
うまい
P.79（札幌）
山頭火
旭川本店
うまい
P.63（旭川）
元祖満州ニラ
ラーメン
さかえや本店
うまい
P.40（岩手）
栄屋本店
うまい
P.66（山形）
とら食堂
うまい
P.75（福島）
中華料理
源来軒
うまい
P.49（福島）

関東地方

まる玉
P.94（埼玉）

宝来軒
P.50（栃木）

梅の家
P.17（千葉）

聘珍樓
P.78（神奈川）

支那そばや
P.95（神奈川）

くじら軒 横濱本店
P.62, P96（神奈川）

家系総本山 吉村家
P.59（神奈川）

麺処 中村屋
P.45（神奈川）

手打ちラーメン 寅さん
P.76（茨城）

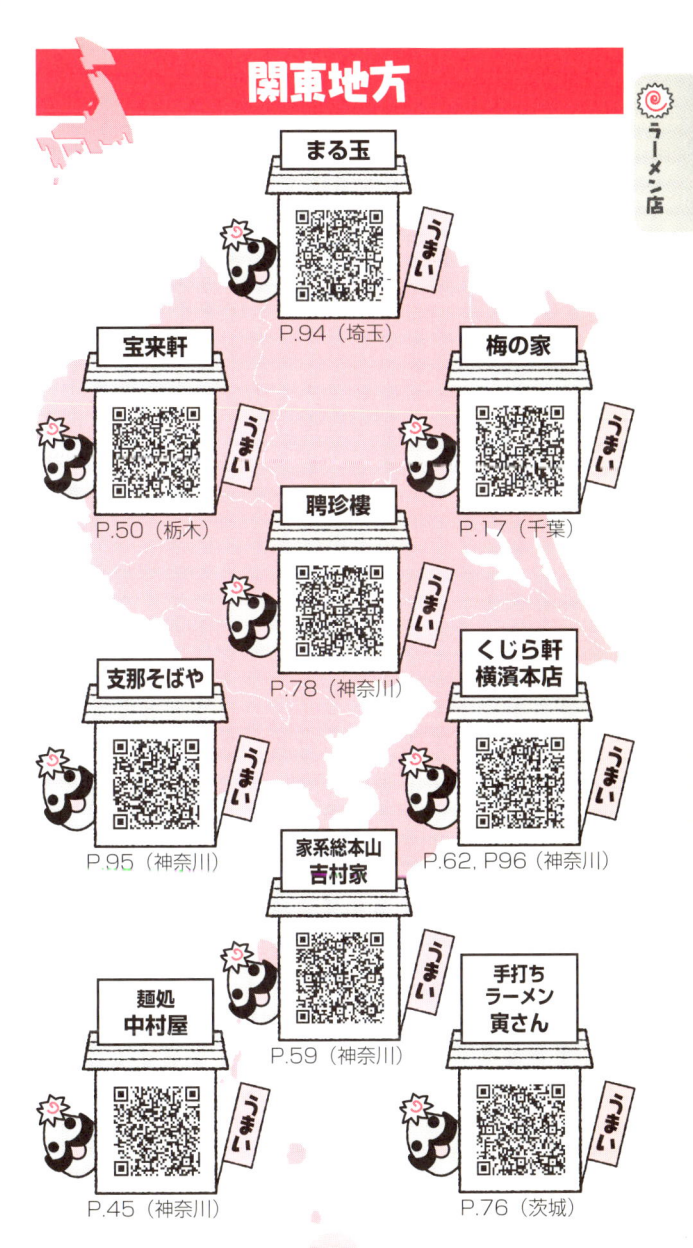

東京-1

ラーメンバトル
コロシアム
我聞
うまい
P.53（立川）
中華そば専門
初富士
うまい
P.36（八王子）
支那そば
ちばき屋
うまい
P.73, P.96（葛西）
珍珍亭
うまい
P.71（武蔵野市）
たけちゃん
にぼしらーめん
うまい
P.89（調布）
鳥料理
有明
うまい
P.94（江東区）

麺屋 ごとう
うまい
P.63（池袋）
光麺
池袋本店
うまい
P.29（池袋）
東池袋
大勝軒
うまい
P.14（池袋）
麺屋武蔵
うまい
P.51, P.80（新宿）
麺屋武蔵
二天
うまい
P.13（池袋）

バン
バン
バン
バン
バン

東京 - 2

一風堂
うまい
P.63（高田馬場）

元祖一条流 がんこ 総本家
うまい
P.63（高田馬場）

味味噌 札幌ラーメン 山田
うまい
P.63（恵比寿）

らーめん香月
うまい
P.63（恵比寿）

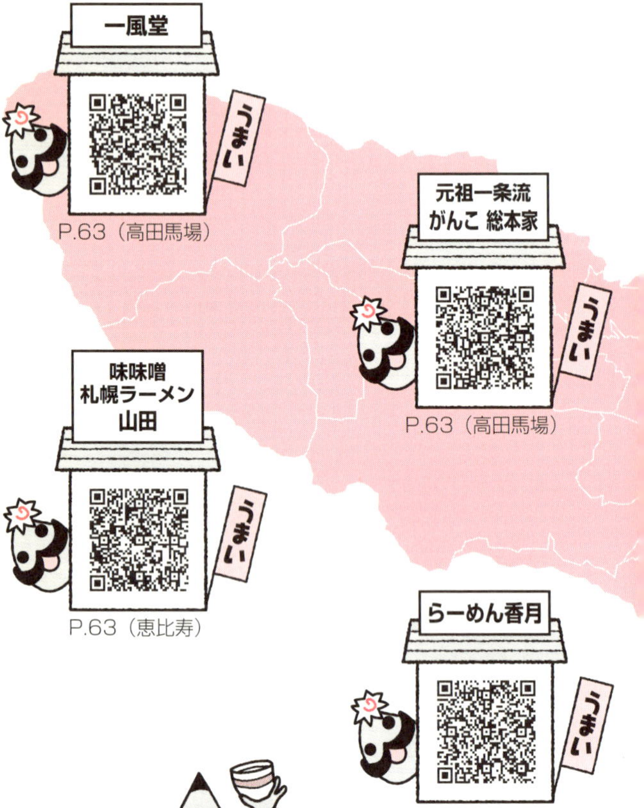

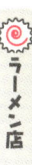

丸長
うまい
P.63（荻窪）
中華そば
春木屋
うまい
P.63（荻窪）
ラーメン
専門店 二葉
うまい
P.63（荻窪）
千駄ヶ谷
ホープ軒
うまい
P.6, P.51（吉祥寺）
青葉
中野本店
うまい
P.51（中野）
中華そば
すずらん
うまい
P.94（渋谷区）

中部地方

まさごそば
P.48（岐阜）

やよいそば
P.48（岐阜）

豆天狗
P.48（岐阜）

福来亭
P.6（新潟）

こまどり
P.99（新潟）

P.41（富山）

P.70（名古屋）

P.41（富山）

P.41（富山）

P.70（名古屋）

近畿地方

P.20（和歌山）

P.20（和歌山）

P.20（和歌山）

P.20（和歌山）

ますたに
うまい
P.6（京都）
麺哲
うまい
P.96（大阪）
ラーメンたろう
うまい
P.30（兵庫）
塩ラーメン
龍旗信
うまい
P.96（大阪）

中国・四国地方

朱華園

うまい

P.61（広島）

元祖岡山
とりそば太田
岡山本店

うまい

P.43（岡山）

一久

うまい

P.43（岡山）

つたふじ本店

うまい

P.61（広島）

冷麺専門
新華園
河原町本店

うまい

P.54（広島）

おっつぁん

うまい

P.43（岡山）

中華そば
いのたに本店

うまい

P.86（徳島）

九州 - 1

P.28（福岡）

P.7（福岡）

P.93（福岡）

P.55（福岡）

P.35（福岡）

P.60（福岡）

九州 - 2

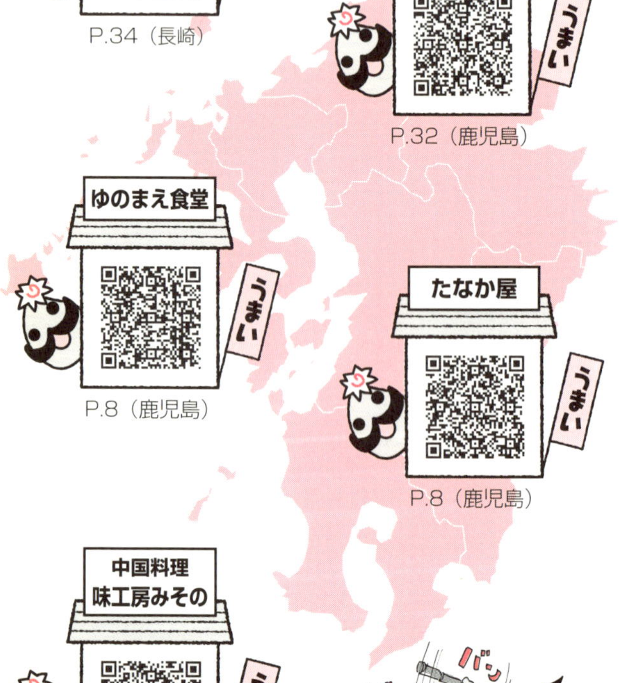

中国料理
四海樓

うまい

P.34（長崎）

のぼる屋

うまい

P.32（鹿児島）

ゆのまえ食堂

うまい

P.8（鹿児島）

たなか屋

うまい

P.8（鹿児島）

中国料理
味工房みその

うまい

P.8（鹿児島）

インデックス

ラーメンが好きっ！

— ラーメンクイズ 101 &トリビア —

2005年11月15日　初版発行

著　　者　©はんつ 遠藤
（http://hantsendo.com/）
イラスト　©小熊 未央
情報提供　超らーめんナビ
（㈱エディア http://www.edia.co.jp/）
企画協力　企画のたまご屋さん
西村 和恵（㈱エディア）
編集担当　山田 仁，浅見 忠仁
組版・デザイン　アップル・アンド・ハニー
印刷・製本　三友印刷㈱
発行者　井田 洋二
発行所　㈱駿河台出版社
〒101-0062　東京都千代田区神田駿河台 3-7
電話 03（3291）1676　FAX 03（3291）1675
http://www.e-surugadai.com/
info@e-surugadai.com
振替　00190-3-56669

ISBN 4-411-04000-X　C0076　¥800E

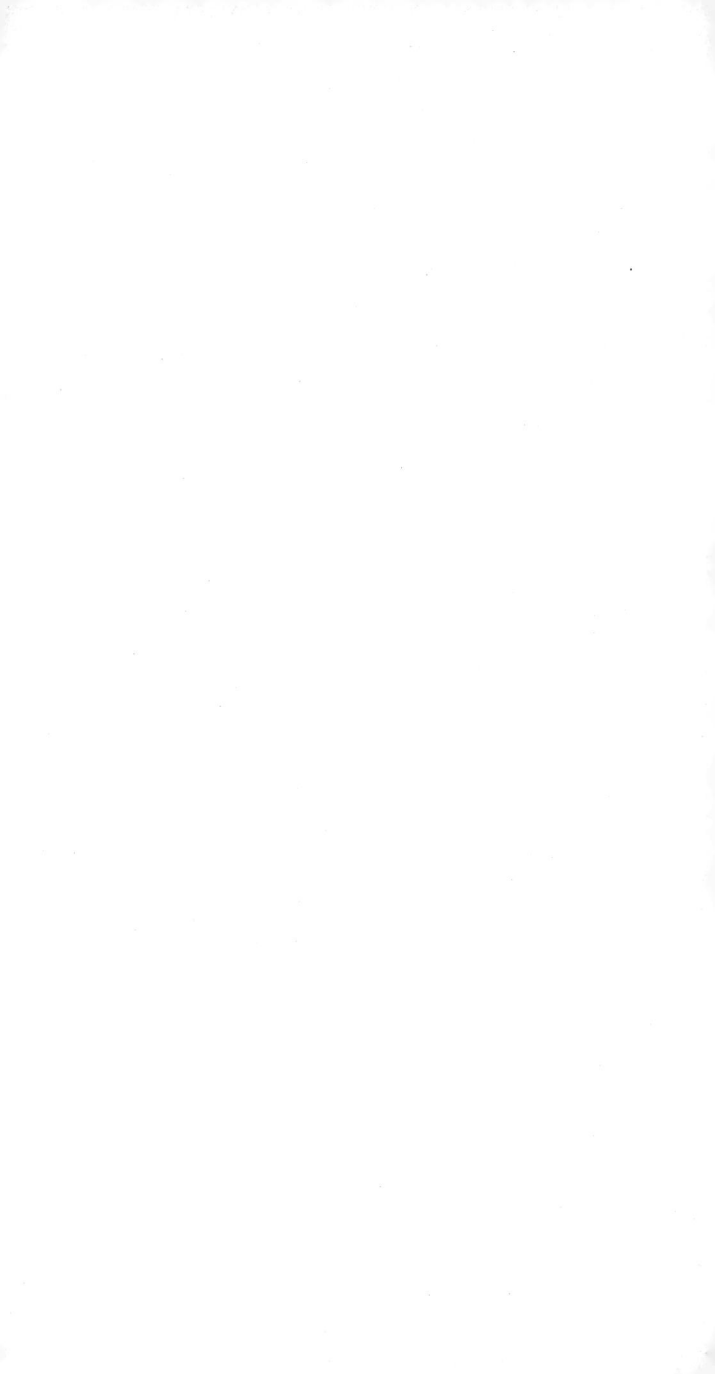